AF188740

Pit Vogt

alles
frei
erfunden

Gedichte

Idee, Design & Layout: Pit Vogt

Alle Texte sind frei erfunden

Impressum

Herstellung und Verlag:
BoD - Books on Demand, Norderstedt

ISBN 978-3-7504-6179-6

6   Und man sagt
8   Wunsch
9   Wortlos
11   Hoffnung
13   Schneesturm
16   Der Radiomann
18   Balance
20   Kein Gott
23   Trommelklang
27   Lied der Möwe [Song]
29   Traum
31   Betrachtung
33   Eine Welt
36   Stilles Ende
38   Mein Traum vom Fliegen
40   Conny
43   Nebel
45   Datenkrake
47   Optimismus
48   Der Fremde
50   Mein Glaube

Alles scheint ein großer Schwindel
Kommt und bleibt
Und geht vorbei
Und es schreit so manch´ Gesindel
Alles Lüge
Alles Schwindel
Eingezwängt
Und gar nicht
Frei

Alles ist wie dichter Nebel
Wabert über Stadt und Wald
In der Seel ein dicker
Knebel
Und als Frag´ beschwört die Regel:
Werd´ in solcher Welt ich
Alt

5

Und man sagt

Und man sagt:
Das sind die Bösen
Die „Partei" ist grottenschlecht
Ach, die können nicht mal lesen
Es sind schlechte,
Dumme Wesen
Pfui,
Die sind auch gar nicht echt

Und im großen Parlamente
Ist man einig sich
Und starr
Niemals gibt man seine Hände
Der „Partei" der schlechten Stände
Alles bleibt wie's früher war

Alter Muff in dunklen Ecken
Hält das Parlament recht
Froh
Die „Partei" könnt' Vieles retten
Doch man liegt gern in den Betten
Dort beißt höchstens mal ein Floh

Und man tritt das Volk mit Füßen
Denn das wählte die „Partei"
Wieder muss das Volke büßen
Arroganz lässt herzlich grüßen
Dummheit geht halt nie vorbei

Doch das Mobbing währt nicht ewig
Zeiten ändern sich recht schnell
Die „Partei" ward stark und stetig
Alter Klüngel winselt mäßig
Dann wird Vieles neu und
Hell

Und die scheinheiligen Spinner
Sitzen da und fluchen leis
Doch dies dümmliche Gewimmer
Dringt kaum aus dem dunklen Zimmer
Und manch´ Hetzer wird zu Eis

Und durchs Volk geht lautes Jubeln
Endlich geht es vorwärts,
Ja
Wo die Bonzen hassen, sudeln
Schmecken jetzt die Montagsnudeln
Und manch´ Wege werden klar

Und im Parlamentsgewimmel
Jetzt ganz oben die „Partei"
Gute Sonne,
Blauer Himmel
Und vorbei ist´s mit dem Klüngel
Alte Starre geht
Vorbei

Wunsch

Manche faseln viel von Glück
Doch sie selbst sind satt und reich
Kennen von der Pein kein Stück
Doch sie plappern stets vom Glück
Doch sind fern die Leiber
Bleich

Auch von Liebe plappert man
Doch es blühen Neid und Hass
Jeder kämpft zäh wie er kann
Korruption lebt gut sodann
Kriege geben manchen Spaß

Diese Welt scheint schräg und schief
Überall sieht man Verdruss
In den Städten Rauch und Mief
In den Köpfen plagt manch` Tief
Und es stinkt nach Tod und
Schluss

Doch in Wäldern,
Irgendwo
Blüht ein kleiner Hoffnungskeim
Dort ist´s wieder ruhig und froh
In dem fremden Anderswo
Da darf jeder glücklich sein

Drum beginnt nochmal von vorn
Macht es besser
Macht es gut
Legt jetzt nieder
Hass und Zorn
Dort, wo Menschlichkeit erfrorn
Lebt die Liebe
Und habt
Mut

Wortlos

Und sie kriechen durch die Gassen
Sie betrügen alle Leute
Und sie können nur noch hassen
Sie sind selten nur zu fassen
Eine hässlich
Dumme Meute

Und sie stehlen
Und sie lügen
Und sie stinken wie die Pest
Und sie schmieren,
Korrumpieren
Auch, wenn sie dabei verlieren
Weil sich's stets gut schwindeln lässt

Und sie prügeln oft und gerne
Saufen sich die Hucke voll
Selbst des nachts im Licht der Sterne
Schimpfen sie auf Nah und Ferne
Ihre Welt ist Wut und Groll

Pfui, sie fixen ohne Ende
Drogen lieben sie schon sehr
Bis vibrieren Leib und Hände
Und sie keifen durchs Gelände
Mit solch Mob ists furchtbar schwer

Asoziale sind wie Zecken
Sind wie Nachbarn um dich rum
Ach, du willst dich nur verstecken
Hinter Mauern, Grenzen,
Hecken
Noch erträgst du's und bleibst
Stumm

Selbst manch´ blöder Hausverwalter
Glotzt dich penetrant nur an
Und an irgendeinem Schalter
Gähnt das pure Mittelalter
Du willst fort,
Fliehst schnell
Sodann

Doch das ist nicht immer richtig
Wehr dich gegen all den Dreck
Assis sind doch
Null und
Nichtig
Solche Brut ist doch nicht wichtig
Sei du selbst
Dann sind sie
Weg

Hoffnung

Hoffnung auf ein neues Leben
Fort mit alten Sorgen,
Fort
Möchte mir was Neues geben
Irgendwo ein anderes Leben
Irgendwie ein neuer Ort

Hoffnung auf die neue Chance
Die so ist,
Wie ich -noch- bin
Sehnsucht nach 'nem wilden Tanze
Auf ein Lächeln
Neu
Im Glanze
Nimm mich auf,
Du neuer Sinn

Hoffnung auf die neue Liebe
Die mich packt
In Herz
Und Hirn
Dass ich nie allein mehr bliebe,
Träumt ich mir
Und neue Ziele
Und mich niemals mehr
Verliern

Hoffnung auf manch' wilde Träume,
Die ich endlich leben kann
Dass ich nie mehr was versäume
Hoffnung auf die echten Träume
Auf die Zukunft
Irgendwann

Hoffnung auf mein neues Leben
Alte Zöpfe schneid ich ab
Ja, ich kann mir alles geben
Für das Gute will ich
Beten
Weil ich Kraft und Wünsche
Hab

Schneesturm

Sie fragte ihn:
Wo willst du hin
Erstarrt sah er ihr ins Gesicht
Es hatte wohl auch keinen Sinn
Er wollte fort
Egal
Wohin
Und trübe schien das Kerzenlicht

Er zog sich an,
Lief schnell hinaus
Ein Schneesturm kühlte sein Gesicht
Im Eiswirbel nicht Mann,
Nicht Maus
Es war so kalt,
Ein wahrer Graus
Am kleinen Bahnhof brannte Licht

Auf Bahnsteig 3
Stand noch ein Zug
Der Schnee verwirbelte die Zeit
Ein Alptraum
Oder
Selbstbetrug
Vom Alltag hatte er genug
Für eine Nacht
Vom Zwang befreit

Ein junger Mann mit schwarzem Schal
Kam auf ihn zu,
Umarmte ihn
Sie sahen sich das erste Mal
Und küssten sich ganz ohne
Qual
Und plötzlich machte alles Sinn

Vom Schneegestöber eingehüllt
Da liebten sie sich
Heftig, heiß
Manch´ ferner Traum schien da erfüllt
Ein Liebesbrief
Im Schnee zerknüllt
Die Liebe schmolz die Nacht,
Das Eis

Bleibst du bei mir – so fragte er
Der andere Mann blieb still und
Schwieg
Noch einen Kuss,
Der leicht und
Schwer
Dann war der Bahnsteig menschenleer
Und niemand aus dem Zug mehr stieg

Der Schneesturm fauchte dumm und
Klug
Der Zug fuhr ab
Ins Nirgendwo
War alles nur ein Selbstbetrug
Wenn man vom Alltag hat genug
Gibt's Leben nur im
Anderswo

Er schlug den Kragen hoch und ging
Ihm war nicht kalt
Auf Bahnsteig 3
Der Schneesturm sich im Nichts verfing
Ein bisschen Liebe nur,
Ein Sinn
So vieles scheint oft
Einerlei

Noch einmal drehte er sich um
Da war kein Zug,
Kein Mann,
Kein Kuss
Die Flocken wirbelten recht krumm
Er lief nach Hause
Lächelnd,
Stumm
Weil das so ist
Weil man's so
Muss
???

Der Radiomann

Der liebe gute Tino
Ein flotter Radiomann
Der liebte alten Vino
Und zog sich bieder an

Er war der große Liebling
In jeder Radioshow
Er hatte dieses Feeling
Und schien fast immer froh

Doch heimlich nahm er Drogen
Das hielt ihn fit und jung
Da gabs nichts mehr zu loben
Da war wohl Vieles krumm

So schmierte er mit Geldern
Er brauchte viel davon
Und heimlich in manch´ Wäldern
Gabs reichlich Crystal schon

Es ging ihm immer schlechter
Und jünger ward er nicht
Recht stur und
Selbstgerechter
Gar furchig sein Gesicht

Das Geld und auch die Drogen
Zerstörten Tino bald
Er hat sich´s nicht verboten
In ihm wars einsam,
Kalt

Kein Fan – nichts ist geblieben
Das Radio half ihm nicht
Er hat sich rumgetrieben
Fernab von Ruhm und
Licht

Gestorben und
Vergessen
Den Tino gibt's nicht mehr
Vom Drogen-Glück zerfressen
Er liebte Crystal sehr

Der arme Drogen-Tino
Einst flotter Radiomann
Auf ihn ein Gläschen Vino
Ein stilles „Prost"
Sodann

Balance

Manchmal fühl ich mich, wie schon mal gestorben
Dann ist alles taub
Und ich denke überhaupt nichts mehr
Dann fühl ich mich, wie noch nicht geboren
Und alle Gedanken scheinen wie schon lang erfroren
In meinem Kopf ist alles ziemlich öd und leer

Nichts kann ich entscheiden,
Weil ich keine rechte Meinung hab
Die Gefühle schwanken hin und her
Und scheinen einfach fad und tot
Ängste dunkeln meine Zeit und so manchen neuen Tag
Dumpf sind die Träume,
Weil ich sie nicht mehr zu träumen vermag
Und im Schrank liegt uraltes schimmeliges Roggenbrot

Wann wird das anders –
Wann kommt mir nur die großartige Idee
Alle Gebete sind vorbei und sind längst schon verstummt
Hilflos wandere ich durch endlose Wälder
Und ewig tiefen Schnee
Weil ich nirgendwo einen Sinn
Und auch keine Bestimmung mehr seh
Nur vor meiner Nase eine emsige Biene froh summt

Sollt ich jetzt lachen –
Wenn ich den Sinn des Lebens nicht mehr spür
Wenn alle Hoffnung zerbarst und mir nichts mehr gelingt
Zu viele Tränen –
Und ich hinke wie ein totkrankes, wildes, teuflisches Tier
Jenseits des Glücks bleibt eine seltsam zerfressende Gier
Und in der Ferne nur
Ein Erzengel von der neuen Liebe leis singt

Wo ist das Glück, wenn ich nicht mehr vermag zu
schmecken und zu leben
Wann kommt der Tag, der mich wieder fröhlich lachen lässt
Ich weiß genau,
Ich könnte alles für völlig neue Träume geben
Doch Gott ist nicht hier,
Nirgendwo ist sein lieblich-großer Segen
Nur hohle Worte des Pfarrers, der von Vergebung und
Liebe da schwätzt

Manchmal bin ich fast wie schon mal gestorben
Doch ich lebe noch
Und ich hätte vielleicht doch noch eine Chance
Meine Mama hat mich so lieb,
Denn sie hat mich einst geboren
Ich kenn die Liebe, die in meinem Herzen niemals gefroren
Und ich weiß,
Ich komme wieder hin,
Zu meiner guten alten
Glücks-Balance

Manchmal liegt Gott tief im Schlafe
Manchmal zählt er wohl die Schafe
Er vergisst dann Stadt und Leute
Und der Teufel lacht voll Freude

Übel stinkt Provinz und Lande
Recht, Gesetz verläuft im Sande
Und der Mob tanzt auf den Straßen
Abwärts geht's in dunklen Gassen

Kein Gott

Sorgenvoll mit schlimmer Ahnung
Spüre ich des Himmels Warnung
Nein, ich sehe Gott nicht mehr
Nebel macht das Leben
Schwer

Lügen-Pfarrer,
Missbrauchsfälle
Ist dort Gott nicht mehr zur Stelle
Mob und Pöbel auf den Straßen
Lässt Gott Menschen böse hassen

Asoziale Hausverwalter
Viel zu dämlich für ihr Alter
Dummheit,
Schwachsinn,
Wenig Bildung
Gott gab hier wohl keine Widmung

Kriege, Hunger,
Klima-Hölle
Menschen auf der Armuts-Welle
Gott scheint da wohl in den Ferien
Vielleicht schaut er -heiße- Serien

Für Gesundheit muss man zahlen
Zahlt man nicht,
Stirbt man mit Qualen
Wo ist Gott bei all der Scheiße
Wohl schon lang auf weiter Reise

Mietenwahnsinn,
Spekulanten
Manch' Betrüger in den Landen
Drogendealer fülln sich Taschen
Gott hat alle wohl verlassen

Korruption und Schmierereien
Fake-News in manch' Medien schreien
Pöstchen schiebt man quer durchs Amte
Gott schaut weg bei solcher
Schande

Ehrlichkeit, Respekt und Wissen
Musst du hier im Land vermissen
Bist du asozial und kriminell
Kommst du weiter
Flott und schnell

Anspruch, Lust und echte Liebe
Längst verspielt im Puff der Triebe
Wenn du ekelhaft
Versaut
Man dir goldene Brücken baut

Manchem Rentner fehlts an Sonne
Sucht nach Leergut in der Tonne
Weil die Rente nicht mehr reicht
Er nun zum Sozialamt schleicht

Dummheit hetzt durch triste Gassen
Hast du Geld,
Dann darfst du prassen
Dann kaufst du dir alles Recht
Kannst du´s nicht,
Dann geht's dir schlecht

Ja, man möchte fort
Und fliehen
Ganz weit zu den Sternen ziehen
Gott ist hier schon lang nicht mehr
Überall scheints öd und
Leer

Noch schwingt Hoffnung tief im Herzen
Leuchten vorm Altar noch Kerzen
Wenn die Seele spürt noch Kraft
Hats der Glaube dann geschafft
???

Trommelklang
Der Meilen – Song

In einem Dorf am Rand der Welt
Mit seiner Mama
Recht allein
Dort lebte er
Mit wenig Geld
In Afrika –
Ob das was zählt
Es sollte einmal anders sein

So viele starben irgendwann
Weil keiner half
Sie waren krank
Was fängt man mit dem Leben an
Als viel zu junger, armer Mann
In dieser Hütt' im Wüstensand

Von fern erklangen Trommeln leis
Er träumte dann vom fernen Land
Und irgendwann zerbrach das Eis
Die Mutter wusste
Was er weiß:
Ganz plötzlich ist er fortgerannt

Mit vielen anderen im Treck
So zog er flugs zum Ozean
Da schien sein Traum von Glück perfekt
Von Arbeit, Wohnung, Hemd –
Adrett
Und von Familie:
Frau und Mann

Am Ufer stand der Schlepper schon
Kassierte flott das letzte Geld
Beschimpfte ihn als Hurensohn
Und alle Hoffnung schien wie Hohn
Wo lag sie nur
Die große Welt

Mit fünfzig Anderen im Boot
Das kenterte fast irgendwo
So fuhren sie ins Morgenrot
So viele starben
Waren tot
Wer fragte schon –
Es war halt so

Am fernen Strand
Als es schon hell
Da kam er an –
Man gab ihm Brot
Er wollte weiter –
Gleich und schnell
Ins Paradies zur großen Welt
Ganz ohne Schlepper – Flüchtlingsboot

So zog er nordwärts immerfort
Durch Grenzen
Die so hoch und dicht
Er wollte zu dem Wunderort
Denn Milch und Honig gab es dort
Und auch ein Haus mit Bett und Licht

Doch als er sah dies neue Land
Da traf er Menschen voller Zorn
Die steckten bald sein Heim in Brand
Die wollten keine schwarze Hand
Dort schien sein Traum vom Glück
Erfrorn

Soll das dies Wunderlande sein
Von dem er träumte fern im Busch
Er weinte leise, wollte heim
Wollt wieder bei der Mama sein
Hier wars nur kalt
Ein schlimmer Pfusch

Und eines Morgens hörte er
Die Trommeln leis von fern und nah
Da wusste er
Es wird nicht schwer
Und selbst sein Traum so reich nicht leer
Die Heimat rief
Sein kleiner Stern

So zog er los
Zur Mama gings
Der Weg war weit und doch so klar
Er wusste, mit viel Kraft gelingts
Er hoffte, wenn er kämpft, dann stimmts
Die Heimat nur
Sein Leben war

Im Lande hinterm Ozean
In Afrika
Bei Mama ach
Fing er nochmal von vorne an
Und alle halfen ihm sodann
Bald hatten sie ein neues Dach

Das Leben kam ins Dorf zurück
Denn auch die Freunde kehrten heim
Er sah vom Paradies ein Stück
Doch gab es dort kein Traum
Kein Glück
Dort flossen weder Milch noch Wein

In jenem Dorf am Rand der Welt
Mit Mama, Freunden, Wüstensand
Da lebten sie mit wenig Geld
Da wusste er
Was wirklich zählt
Es war der Heimat
Trommel-Klang

Lied von der Möwe
(Song)

Eine Möwe zieht
In die ewig triste Welt
Und der Abend flieht
Dorthin,
Wo ein Traum uns hält
Wir sind weit
Und du siehst mich schweigend an
Fragst mich leise irgendwann
Was in unserm Leben noch blüht

Jenseits der Nacht ist ein neuer Tag
Niemand weiß,
Was er uns wohl noch zu bringen vermag
Alle Träume ziehen in die Freiheit tief hinein
Dort sind wir niemals mehr allein

Und die Möwe zieht
Zu der Insel da im Meer
Alle Nacht entflieht
Sie kommt niemals wieder her
Wir sind froh
Und du sagst, dass du mich liebst
Ja, ich spür, dass es so ist
Weil sie tief im Herzen erblüht

Jenseits der Nacht ist ein guter Tag
Niemand weiß,
Was er uns wohl noch zu bringen vermag
Alle Hoffnung zieht in unsre Seele tief hinein
Wir sind doch niemals mehr allein

Eine Möwe fliegt
Über Meere,
Durch das Land
Einsamkeit verfliegt
Und die Liebe ist entflammt
Nur wir zwei
Nein, ich geh nie wieder fort
Diese Insel – unser Ort
Das ist unser Wunderland

Jenseits der Zeit lebt das große Glück
Es gab uns den Glauben
An das Leben zurück
Alle Sehnsucht zieht in unsere Herzen tief hinein
Hier sind wir niemals mehr allein

Droht manche Wolke trüb und schwer
Wir sind so stark wie nie vorher

Traum

Liege auf dem Sofa lang
Denke nach,
Nichts fällt mir ein
Bin gesund nicht,
Bin nicht krank
Geh in Gedanken hin zum Strand
Zähle manchen Kieselstein

Schau hinaus
Aufs blaue Meer
Nur ein Wind zerkräuselts leicht
Wünscht mir eine Liebe her
Doch der Strand gähnt menschenleer
Und der Sand ist feucht und
Seicht

Da berührt mich eine Hand
Sanft verführt sie mein
Gesicht
Wer nur ists,
Der mich hier fand
Hier im schönen Wunderland
Vor des Meeres wilder
Gischt

Lang schau ich in dein Gesicht
Ja, es lächelt
Und es fragt
Nur ein Wort,
Das fällt noch nicht
Hier am Strand
Im Sonnenlicht
Hier an diesem Zauberort

Und du küsst mich plötzlich heiß
Ich versink in (m)einem Traum
Und das Meer schäumt laut
Und
Leis
Und ich ahn nicht,
Was ich weiß
Hier am Meer
Am Ufersaum

Nein, du lässt mich nicht mehr los
Und wir tanzen
Übern Strand
Unsere Liebe ist so groß
Unser Traum –
So grenzenlos
Wo du mich,
Und ich dich
Fand

Doch es ist nur ein Gefühl
Es weicht langsam
Und ganz sacht
Um mich ists so einsam,
Still
Nein, kein Meer rauscht wild und
Schrill
Eine Uhr schlägt Mitternacht

Lieg noch auf dem Sofa hier
Keine Hand,
Kein Ufersaum
Plötzlich öffnet sich die Tür
Plötzlich, ach,
Stehst
Du
Vor mir
Und du küsst mich wie im
Traum

Ekel
[Betrachtung]

Übelkeit drückt in der Kehle
Klebt den Magen mir schon zu
Dieser Ort fällt im Gerede
Hier ists jämmerlich und blöde
Das Gesindel gibt kaum
Ruh

Ekelhaft der Heimat Wege
Überall nur Unrat,
Dreck
Lieber ich woanders lebe
Lieber ich was Schönes sehe
Und ich will nur eines:
Weg

Scheiße ists in meinem Hause
Assi-Nachbarn überall
Hier bleibt weder Laus
Noch
Mause
Alles Abschaum,
Übler Grause
Nur der letzte
Assi-Stall

Mob keift wütend durch manch´ Straßen
Deren Geld wird langsam knapp
Und ich spür,
Wie alle hassen
Die da oben gierig prassen
Ja, ich hab dies alles satt

Ekel würgt mir in der Kehle
Selbst der Pfarrer ist ein Schwein
Schwindelt, lügt sich durch manch´
Seele
Ach, wie immer ich mich quäle,
Fällt zu dem mir Schlimmes ein

Alles hier stinkt nach Versagen
Nur der Wald liegt schweigend,
Still
Dort stell ich mir tausend Fragen
Manchmal platzt der feste
Kragen
Und ich hab ein andres Ziel

Diese Gegend scheint verloren
Drogen,
Abscheu
Überall
Und die Blicke sind erfroren
Dummheit bleibt hier ungeschoren
Flucht ist mir die beste
Wahl

Eine Welt

Eine Welt verändert sich
Korruption hat wohl die Macht
Demokratie scheint lächerlich
Alle Freiheit ändert sich
Nur wer Geld hat
Frönt und
Lacht

Eine Welt steht unter Druck
Meinung wird flugs unterdrückt
Bei manch' Wahl gibt's (k)einen Ruck
Alter Klüngel unter Druck
Ehrlichkeit wird schnell zerpflückt

Medien wollen Action pur
Menschen zählen da nicht mehr
Obrigkeiten bleiben stur
Faseln Mist in einer Tour
Deren Worte:
Öd und leer

Fremde haben Oberhand
Terror kriecht wie Dreck umher
Ach, es krankt so manches Land
Große Angst vorm Flächenbrand
Krieg will da wohl niemand mehr

Angehängt längst Dorf und Traum
Mancher Acker,
Der noch gut
Bauern haben Zukunft kaum
Es verdorrt manch' starker Baum
So formiert sich Hass und Wut

Oben auf dem schönen Schloss
Mit viel Geld und tollem Job
Sitzt man gern auf hohem Ross
Lässt die Sau mal richtig los
Schimpft man gern auf Volk und
Mob

Wer die Herrin kritisiert
Ward recht schnell zum
Populist
Dass dies Schloss nach Macht nur giert
Alle Welt -und Meinung- schmiert
Ward verschwiegen mit manch´ List

Manch´ Minister zockt sich reich
Untern Teppich wards gekehrt
Volk und Herrin sind nicht gleich
Längst getrennt schon
Arm und Reich
Fortschritt stockt
Total verkehrt

Schwindler wiegeln alles ab
Die tun´s gern
Für sehr viel Geld
Eine Zeit, die Narben hat
Die da oben wiegelns ab
Keine Heimat
Dunkle Welt

Doch die Leute nehmens hin
Sagen wenig,
Leiden still
Sag, wo liegt da noch ein Sinn
Sag, wo ist da (m)ein Gewinn
Wenn das Leben ward so schwer

Wer schützt all die Menschen,
Wer
Wenn da oben man nur prasst
Läuft im Lande etwas quer
Schützt die Menschen man nicht mehr
Hat man hier etwas verpasst

Doch die Bonzen feiern sich
Schampus, Feten – ohne Zahl
Schnell lässt man das Volk im Stich
Und es gärt schon fürchterlich
Freiheit ward zur Höllenqual

Eine Welt verändert sich
Fake-News, Drogen – neue Zeit
Demokratie wirkt lächerlich
Geld regiert gar widerlich
Und manch' Traum liegt weit,
Zu weit

Stilles Ende

Schikaniert vom Arbeitsamt
Sitzt die Mutter weinend da
Ach, ihr Mann ist weggerannt
Und es zittert ihr die Hand
Auch 2 Kinder sind noch da

Stark gekürzt ward ihr das Geld
Nur die Miete zahln sie noch
Was für eine kalte Welt
Wo der Mensch nicht mehr viel zählt
Wo vom Leben bleibt ein Loch

Zynisch die Vermittlerin
Arbeit jedoch hat sie nicht
Stempeln macht doch keinen Sinn
Grinsend die Vermittlerin
Mit dem glatten Angesicht

Die Regierung feiert sich
Angeblich gibt's Arbeit satt
Schwätzen vornehm,
Vorbildlich
Haben Geld und Job und Licht
Feiern jeden guten Tag

Schweigend sitzt die Mutter da
Denkt an ihre Kinder nur
Plötzlich wird ihr sonnenklar
Dass ihr niemand hilft fürwahr
Traurig schaut sie auf die Uhr

Als sie geht,
Schließt sie die Tür
Nimmt die Kinder an die Hand
Es ist nachmittags um 4
Doch nach Hause geht's nicht mehr
Mit dem Bus ins Nimmerland

Und sie fahren bis zum Fluss
Der sich schlängelt unterm Steg
Ja, sie weiß:
Ab hier ist Schluss
Starrt in diesen wilden Fluss
Weils wohl nicht mehr weitergeht

Fort der Bus,
Es ist sehr still
Nur die Kinder fragen leis
Nein, sie weiß nicht, was sie will
Nirgendwo ein echtes Ziel
Nur die Welt,
Die kalt wie Eis

Nimmt die Kinder in den Arm
Springt mit ihnen in den Fluss
Drüber fliegt ein Vogelschwarm
Dort, wo einst noch Wünsche warn,
Ward ein Grab,
Ein stiller Schluss

Dann zeugt gar nichts mehr von ihr
Fort ein Mensch,
Zwei Kinder tot
Fünf Minuten ist's
Nach 4
Eine Hoffnung gibt's nicht mehr
Und der Fluss verschweigt die Not

Nachsatz:

Wo blieb Gott an jenem Tage
Wo ein Mensch,
Der helfen sollt
Übrig bleibt so manche Frage
Übrig auch manch' schmerzend' Klage
Nur ein ferner Donner
Grollt

Mein Traum vom Fliegen

Der Tag ist fort,
Es kommt die Nacht
Der Vollmond scheint zu mir herab
Ich weiß nicht,
Schlaf ich,
Bin ich wach
In jener ziemlich kühlen Nacht
Da taucht sie auf,
Die große Stadt

Dort wollt ich immer so gern hin
Und ich kann fliegen,
Einfach so
Das alles macht mir so viel Sinn
In diese Stadt,
Da will ich hin
Da scheint der Alltag
Leicht und froh

Das alte Rathaus jener Stadt
Und manch´ Hotel
Gemütlich,
Fein
Dort lebt mein Traum,
Der alles hat
Mein Traum vom Fliegen
Durch die Stadt
Dort soll mein neues Leben sein

Und auf dem großen Weihnachtsmarkt
Gibt's Bratwurst, Schoko, Nuss und Wein
Dort funkelts, duftets so apart
Geheimnisvoller Weihnachtsmarkt
Wohl sollts der schönste für mich sein

Fast wie ein Märchen lebt mein Traum
Der Vollmond kitzelt mein Gesicht
Ein Wind verfängt sich in manch´ Baum
Ich flieg auf Wolken durch den Traum
Zu jener Stadt
Im Abendlicht

So viele Menschen,
Freunde,
Ja
Ich kenn sie gern,
Hör deren Lied
So viel Bekanntes ist auch da
Ich bin dem Märchen doch so nah
Und doch ist alles fern,
So fern

Und plötzlich ist mein Traum vorbei
Der Mond ist fort,
Die Sonne lacht
Jedoch ists mir nicht einerlei
Ich spürs ganz tief:
Nichts ist vorbei
Der Traum vom Fliegen,
Greifbar nah

Ich schau zum Himmel,
Der so blau
Und lächle leis in mich hinein
Wohin ich frohen Muts auch schau
Ich weiß es längst
Recht klug und
Schlau
So wird es wohl schon balde
Sein

Conny
oder
Was

Ein schmucker Mann
Mit schwarzem Haar
Grinst auf der Bühne
Recht verschmitzt
Hält einen Vortrag
Laut
Und
Klar
Weiß,
Was er will
Er ist kein Star
Jedoch sein Leben –
Echt,
Kein
Witz

Einst war er
Frau
Kennt sich da aus
Und wars doch nicht
Und wusstes nicht
Manchmal so klar
Dann kleine Maus
Oft einsam,
Elend,
Übler Graus
Im Spiegel Leere,
Kein Gesicht

Er hält den Vortrag über
Sich
Und schmunzelt rüber,
Einfach so
Die Jugend:
Scheußlich,
Fürchterlich
Mal Frau
Mal Mann
Mal widerlich
Mal ganz am Ende
Gar nicht froh

Wo andere gespielt,
Gelacht
Da hat er sich versteckt
Im Loch
Der Vater hat sich
Fortgemacht
Er schämte sich
Vorm Ungemach
Ihm blieb am End ein
Alptraum
Noch

Dann die OP
Ein harter Weg
Gekotzt
Geheult
Geflucht
Geschrien
Er wusste,
Wenn er weitergeht,
Wird alles anders,
Auch verdreht
Doch Umkehr hat da keinen Sinn

Schon mal gestorben
Irgendwann
Erwachsen aus manch´
Düsternis
Entstand aus Tränen
Frau
Und
Mann
Die Klarheit formte sich
Sodann
Denn es ist hell,
Nicht
Finsternis

Ein schmucker Kerl
Mit wildem Haar
Lebt auf der Bühne
Lacht mich an
Hält einen Vortrag
Klug
Und
Klar
Und nichts ist mehr
Wie es mal war
Ich find,
Er ist ein toller
Mann

Nebel

Gedanken an die Zeit mit dir
Fort mit dem Nebel unsrer Zeit
Erinnerung an
Uns
Und
Wir
Und alles liegt so weit
So weit

Da war wohl Liebe
Irgendwann
Für ein Stück Weg
Es war mal so
Vielleicht ein Traum von
Frau und Mann
Dort, wo vom Wind
Manch´ Wunsch
Verweht

Gern denk ich an die Zeit zurück
Sie ist vorbei
Wie
Du
Und
Ich
Es bleibt vom Leben
Nur ein
Stück
Ganz leise schwebt ein Wort:
Verzeih

Einsamer Bahnsteig
Irgendwo
Kein Mensch
Nur ich
Und dein Gesicht
Für ein Stück Weg
Es war mal so
Wohl hats der Nebel
Fortgewischt

Datenkrake

Alle Daten hochgeladen
Wow, mein „Netz-Werk" schon
Frohlockt
Doch mein Netz scheint zu entarten
Irgendwas scheint schief geraten
Ich bin plötzlich ausgeloggt

Fort sind alle meine Daten
Nur das „Netz-Werk" zynisch grinst
Was für ein korrupter Laden
Weggesperrt sind -meine- Daten
Unbezahlt und
Unverzinst

Alles ist abrupt verschwunden
Ja, dies „Netz-Werk" stielt recht flink
Datenmissbrauch
Unumwunden
Alle Tage
Alle Stunden
Abgeschaltet jeder Link

Wofür braucht man meine Daten
Wofür bin ich interessant
Ach, mein „Netz-Werk" bringt nur Schaden
Kämpft mit Viren, Lügen,
Maden
Für ´ne dunkle Datenbank

Viele Menschen sind betroffen
Und das „Netz-Werk" klaut die Welt
Still und heimlich kommts gekrochen
Will den Daten-Sud sich kochen
Bis der Mist zusammenfällt

Längst verklagt man jenen Klüngel
Doch -die- sind milliardenschwer
Schmieren sich mit List und
Schwindel
Durch den Netzwerk-Daten-Himmel
Stehlen Daten
Kreuz und quer

Datenkraken sammeln emsig
Zuverlässig, klug und gut
Filtern alles
Recht beständig
Ich bin gläsern
Das ist trendig
Mittendrin im Daten-Spuk

Städte, Länder sprach- und machtlos
Bis der Datenmissbrauch platzt
Datenkraken raffen maßlos
Alle User starren ratlos
Haben Chancen längst verpasst

Doch es gibt noch eine Lösung:
Ich lösch meine Daten schnell
So entfällt manch´ Mist-Bescherung
So verfliegt so manch´ Empörung
Und mein Internet wird
Hell

Optimismus

Die Tage kommen
Und sie gehen
Sind manchmal öde auch
Und schwer
Sind oftmals tot und ohne Leben
Dann will nichts mehr hören,
Sehen
Dann rettet mich wohl gar nichts mehr

Doch plötzlich aus der trüben Schwere
Tritt in die Seel Musik hinein
Auf einmal ist sie fort,
Die Leere
Es scheint wie eine Wetter-Kehre
Dann kann ich wieder fröhlich sein

So lerne ich am Tag,
Am Abend
-Wie- meine Seele sich erholt
Mit einem Song
Am Ton sich labend
Das triste Übel schnell begrabend
Kommt flugs ein neuer Glanz
Wie Gold

Dann kommen Tage
Und sie bleiben
Ach, selbst im Regen glitzerts toll
Ich hör Musik
Und kann sie schreiben
Und weiß, die Texte, ja,
Die bleiben
Mit einem Song
Ganz wundervoll

Der Fremde

Ein ziemlich dunkler Regentag
Ich war in einer Kirche
Wohl
Ich betete so manche Frag
Und hatte auch so manche Klag
Und jedes Wort verklang nur hohl

Da ging die Türe auf sodann
Ein Mann in Schwarz trat wortlos ein
Es war ein unbekannter Mann
Er lief zum Altar irgendwann
Sein ganzes Antlitz schien so rein

Lang schaute er sich schweigend um
Der Pfarrer kannte ihn wohl nicht
Die Zeit verging,
Leis bliebs und stumm
Doch schwang ein leises Wort:
Warum
In seinen Augen spielte Licht

Ernst blinzelte nach oben er
Begann ein Lied zu singen, ach
Ein leiser Song,
Der gar nicht schwer
Im Herzen ward es nicht mehr leer
Zog in die Welt,
Durchs Kirchendach

Das Lied verklang
Der Fremde schwieg
Dann schritt er langsam,
Still hinaus
Es war ein wundersames Lied
Das lang in meiner Seele blieb
Es war so fern von
Saus und Braus

Als jemand nach dem Fremden sah
War er lang fort
Und nirgends mehr
Das Lied war aus
Und noch so nah
Doch niemand mehr den Fremden sah
Wer war das nur
Wo kam er her

Seitdem sing ich zum Gott-Gebet
Ein leises Lied vorm
Altarbild
Ich hoffe,
Dass Gott mich versteht
Der Fremde schien
Vom Wind verweht
Doch hat die Seel er mir
Erfüllt

Mein Glaube

Mein Glaube schwankt mal hin,
Mal her
Ich fühle mich mal leicht,
Mal schwer
So wie mein Sinn,
Er schwankt dahin
Ist kein Gewinn,
Flieht drüber hin
So oft fühl ich mich ziemlich leer

Mein „Amen" ist noch viel zu leis
Ich weiß nicht,
Wie ich schreien soll
Ich weiß manchmal nicht
Was ich weiß
Und alles „Amen" gähnt zu leis
Und manch´ ein Traum
Bringt Angst
Und
Schweiß

Mein Segen scheint noch viel zu weit
Ich seh ihn nicht
Ich fühle nichts
Und überall droht
Einsamkeit
Warum allein
Und nicht
Zu zweit
Warum so fern des hellen Lichts

Mein Glaube schwankt mal her,
Mal hin
Ich fühle mich mal schlau,
Mal dumm
Wo ist des Daseins bester Sinn
Wo ist nur Gott
Wo sein Gewinn
Schau mich im Zimmer suchend
Um